BEI GRIN MACHT SICH IHR
WISSEN BEZAHLT

Mohamed Chaabani

Die Literaturauswertung bei den wissenschaftlichen Arbeiten

Eine empirische Untersuchung

GRIN Verlag

Bibliografische Information der Deutschen Nationalbibliothek:

Die Deutsche Bibliothek verzeichnet diese Publikation in der Deutschen National-
bibliografie; detaillierte bibliografische Daten sind im Internet über http://dnb.d-
nb.de/ abrufbar.

Impressum:

Copyright © 2013 GRIN Verlag GmbH
Druck und Bindung: Books on Demand GmbH, Norderstedt Germany
ISBN: 978-3-656-40632-7

Dieses Buch bei GRIN:

http://www.grin.com/de/e-book/212031/die-literaturauswertung-bei-den-wissen-
schaftlichen-arbeiten

GRIN - Your knowledge has value

Der GRIN Verlag publiziert seit 1998 wissenschaftliche Arbeiten von Studenten, Hochschullehrern und anderen Akademikern als eBook und gedrucktes Buch. Die Verlagswebsite www.grin.com ist die ideale Plattform zur Veröffentlichung von Hausarbeiten, Abschlussarbeiten, wissenschaftlichen Aufsätzen, Dissertationen und Fachbüchern.

Besuchen Sie uns im Internet:

http://www.grin.com/

http://www.facebook.com/grincom

http://www.twitter.com/grin_com

Die Literaturauswertung bei den wissenschaftlichen Arbeiten

Chaabani Mohamed

Abstract

Die vorliegende Forschungsarbeit beschäftigt sich mit der Literaturauswertung bei den wissenschaftlichen Arbeiten. Die Literaturauswertung gilt hierbei als eine schwierige Aufgabe, um die große Fülle der Literatur zu bewältigen. Vor diesem Hintergrund wurde versucht, die Literaturauswertung wissenschaftlich unter die Lupe zu nehmen. Für diesen Zweck wurde eine schriftliche Befragung durchgeführt, um die Einstellung der Studierenden über die Literaturauswertung zu erfassen.

Die Auswertung der Literatur

Die Auswertung der Literatur erfolgt durch Lesen und Exzerpieren.

Zum Lesen wissenschaftlicher Texte

Das Lesen von wissenschaftlichen Texten ist relevant für die Auswertung der Literatur. In diesem Zusammenhang differenziert Brink, A.[1] (2005, 34ff) vier Lesetechniken:

Das kreative Lesen: Hier wird gelesen, um Anregungen und Ideen zu sammeln.

Das suchende Lesen: Hier liest nach bestimmten Schlüsselbegriffen. Man liest nur die Textstellen, wo solche abgesuchte Schlüsselbegriffe vorkommen.

Das kursorische Lesen: Hier überfliegt man den Text, ohne auf die Einzelheiten des Textsinhalts zu achten. Es geht vielmehr darum, einen Überblick über den Aufbau, das Thema und die Argumentation des Texts zu bekommen. In diesem Zusammenhang empfiehlt Bünting, K-D., u-a.[2] (2008), dass man zuerst überblicksmäßig lesen sollte. Dabei sollte man einen Überblick über das Inhaltsverzeichnis. Das Sach- und Namenverzeichnis, die Einleitung bekommen, um festzustellen, ob der Text für die eigene Arbeit relevant ist oder nicht.

Das analytisch-kritische Lesen: Hier wird der Text gründlich und mehrmals gelesen werden, um die Inhalte, die Argumentationsstruktur zu erfassen.

Bei diesen Lesetechniken kann man ferner selektiv lesen. Hierbei liest man nur einen bestimmten Textteil oder Textpassage.

Laut Sommer, Roy[3] (2006, 89) gebraucht man Das kursorische Lesen bei der Themenfindung, um einen Überblick über Inhalt und Aufbau des Textes zu bekommen. Dabei werden die wichtigsten Informationen exzerpiert. Beim kursorischen Lesen werden bestimmte Textteile beachtet. Es geht um den Klappentext, die Danksagung, das Inhaltsverzeichnis, die Einleitung und das Literaturverzeichnis.

---

[1] Brink, Alfred (2005) Anfertigung wissenschaftlicher Arbeiten. Ein prozessorientierter Leitfaden zur Erstellung von Bachelor-, Master-, und Diplomarbeiten. 2. Auflage 2004, München, Oldenbourg

[2] Bünting, K-D, (2008) u.a. Schreiben im Studium: mit Erfolg Ein Leitfaden. Cornelsen Scriptor. Berlin.. Siebte Auflage
[3] Sommer, Roy (2006) Schreibkompetenzen. Erfolgreich wissenschaftlich schreiben. Stuttgart. Klett

Zum Exzerpt

Laut Franck, A. (2007, 39f.)[4] sei das Exzerpt ein schriftlicher Auszug aus einem Text, der schon gelesen sei oder während der Lektüre dieses Textes. Das Ziel des Exzerpierens sei Informationen und Zitate zu sammeln und auszuwerten. Es dient ebenfalls dazu, Zusammenhänge zum Thema zu klären und der Stand der Forschungen und Erkenntnisse zum Thema zu entwickeln. Es sei ebenso wichtig bei einem Exzerpt, dass vorher Textstellen ausgewählt und markiert werden. In einem Exzerpt sollten folgenden Punkte stehen: wörtliche Zitate mit Seitenangaben. Darüber hinaus sollten Notizen zum Thema aus dem gelesenen Text mit eigenen Worten formuliert werden, wie z.B. indirekte Zitate. Im Weiteren könnten ebenso eigene Kommentare zu den gelesenen Textstellen wie Bewertungen. Hier könnten auch weitere Gedanken, die sich auf das Thema beziehen, notiert werden. Nach Auffassung von Ehlich, K. (2003, 222) bezieht sich das Exzerpt auf den schriftlichen Text, worin es sich von anderen Schreibformen wie Mitschrift und Protokoll unterscheidet.[5] Beim Exzerpieren steht dem Schreiber genügend Zeit zur Verfügung. Allerdings sind die geschriebenen Texte im Gegensatz zu mündlichen Äußerungen kompakter und damit stellen sie höhere Anforderungen an die Schreibenden wie die gute Beherrschung der Grammatik und Stilistik. Dementsprechend weist Ehlich darauf hin, dass die Funktion eines Exzerptes darin bestehe, die Inhalte von Texten in komprimierter Form wiederzugeben. Dabei sollen die wichtigen Aussagen, die einem Text entnommen werden, im Hinblick auf ihre Bedeutung und ihre Argumentation wiedergegeben werden. Diesbezüglich sei auch auf die Ausführungen von Einecke (2006) der meint, dass das Exzerpt dazu dienen soll, dem Schreiber bei den wissenschaftlichen Arbeiten zu helfen, verwiesen[6] Beim Exzerpieren werden wichtige Argumente, Gedankengänge und Literaturhinweise aus dem gelesenen Text geschrieben. Zudem können auch die eigenen Ideen des Schreibers und Querweise im Exzerpt erwähnt werden. Das Ziel des Schreibens von Exzerpt besteht darin, die gelesenen Texte einzuordnen, zu archivieren und sie zu verarbeiten. Darüber hinaus soll der Schreibende beim Exzerpieren die wichtigen wörtlichen Zitate anführen. Diese Zitate können durch Stellungsnahmen unterstützt

---

[4] Frank, Andrea, u.a. , Schlüsselkompetenzen: Schreiben in Studium und Beruf. Verlag J.B. Metzler. Stuttgart und Weimar. 2007. S.39f.
[5] Konrad Ehlich, Schulische Textarten, universitäre Textarten und das Problem ihrer Passung, Mitteilungen des Deutschen Germanistikverbandes, 50 Jahrgang, Heft 2-3 /2003.
[6] Einecke, G. , In : www. fachdidaktik-einecke.de. Zugriff am 11.10.2006

4

werden. In diesem Sinne kann das Exzerpt das Schreiben des eigenen Textes leichter machen. Der Schreiber eines Exzerptes sollte sonst beachten, dass er die angeführten Zitate und Stellungnahmen voneinander trennen soll. Zu Form des Exzerpts schlägt Bünting, K.D.[7] (2008, 34)folgende Struktur vor: Im Kopf des Exzerptes findet man Angaben über: Das Lese-/ Exzerpierdatum, die genaue bibliographische Angabe des Textes, den Standort des Textes und eine knappe Zusammenfassung des Textes. Der Hauptteil des Exzerptes sollte die Fragestellung, unter der ein Text bearbeitet wurde, die gedanklichen und wörtlichen Entlehnungen wie Paraphrasen und Zitate, die Literaturhinweise und die eigene Ideen, Stellungsnahmen, Kommentare sowie Querweise enthalten. Im Fußteil des Exzerptes können einige Informationen über die Wichtigkeit des Gelesenen, den Ort und Art der Weiterverarbeitung gegeben werden. Darüber hinaus ist auch zu beachten, dass der Schreiber eines Exzerptes genau bibliographieren sollte und dabei muss man die wörtlichen Zitate kenntlich machen. Beim Schreiben von Paraphrasierungen sollte der Schreibende in der Regel den Konjunktiv verwenden. So Bünting, K.D. (2008, 35).

Laut Beste, G.[8] (2007, 258) kann in einem Exzerpt Folgendes vorkommen. Zuerst werden ein einem Exzerpt die wichtigsten Aussagen zusammengefasst. Außerdem können eigene Ideen eingebaut werden.

Bei Steets, A.[9]:in Beste, G. (Hrgs.) (2007, 60f.) finden sich die Ausführungen, dass man Informationen aus einem Text exzerpiert, die für die Behandlung eines Themas wichtig seien. Das Exzerpieren erfolgt in kurzen Sätzen oder Stichpunkten. In einem Exzerpt können Nummerierungen oder Spiegelstriche verwendet werden, um die Strukturierung der Informationen überschaubarer zu machen. Darüber hinaus können grafische Zeichen gebraucht werden, um logische Zusammenhänge darzustellen.

Nach Steets, A.:in Beste, Gisela, (Hrgs.) (2007, 61) sollte man die zentralen Begriffe direkt übernehmen, d.h. man sollte sie nicht anders formulieren. Exzerpte gelten auch als Zwischentexte, die man später in die eigene wissenschaftliche Arbeit einbauen kann.

---

[7] Bünting, K-D, (2008) u.a. Schreiben im Studium: mit Erfolg Ein Leitfaden. Cornelsen Scriptor. Berlin.. Siebte Auflage
[8] Beste, Gisela, (2007) Deutsch Methodik. Handbuch für die Sekundarstufe 1 und 2. Leistungen feststellen und beurteilen. . Cornelsen Scriptor. Berlin.
[9] Steets, A. Schreiben:in Beste, Gisela, (Hrgs.) (2007) Deutsch Methodik. Handbuch für die Sekundarstufe 1 und 2. Leistungen feststellen und beurteilen. . Cornelsen Scriptor. Berlin. 60f.

In Anlehnung an Esselborn-Krumbiegel, H.[10], (2008, 88) reicht es, die bibliographischen Angaben auf Karteikarten zu dokumentieren, wenn man weniger als zwanzig oder dreißig Titel der Sekundärliteratur behandeln möchte. Wenn man mehr Informationen und Literatur behandeln möchte, dann sollte man ein Verwaltungsprogramm einsetzen, das man an Universitäten findet. Ferner finden sich bei Karmasin, M., u.a. (2006, 109) die Überlegungen, dass die wichtigen Gedanken mit anderen durch Verbindungslinien und Pfeilen verbunden werden sollen.

Bei Karmasin, M.,[11] u.a. (2006, 109) findet sich die folgende Definition des Exzerpts:

„Exzerpte sind Notizen in einer ausführlichen Form. Beim Exzerpieren werden Zitate aus der Quelle entnommen und mit Gedanken bzw. Anmerkungen versehen."[12]

In Anlehnung an Karmasin, K., u.a. (2006, 109) erfolgt das einfachste Verfassen von Exzerpten durch das Inhaltsverzeichnis. Hierbei sollte jedes Kapitel mit entsprechenden Notizen versehen werden. Bei Sommer, R[13]. (2006, 28) finden sich die Ausführungen, dass Exzerpte nicht dazu dienen, Leistungen im Studium zu überprüfen, sondern sie fungieren als Hilfe, um Informationen zu strukturieren oder archivieren. Exzerpte gelten als eine gute Gedächtnisstütze. Außerdem helfen sie bei der Vorbereitung auf eine Klausur oder eine mündliche Prüfung. Laut Stary, J.[14] (2009, 82) gibt es zwei Arten, um Texte zu exzerpieren. Man exzerpiert unter einer allgemeinen Fragestellung, z.B. „was wird über den Gegenstand XY ausgesagt?" Diese Art eignet sich, wenn man wenige Vorkenntnisse über das Thema hat. Zweitens exzerpiert man unter einer oder mehreren besonderen Fragestellungen, z.B. „Wie äußert sich die Autorin zu Frage YX?" oder „Was versteht der Autor unter dem Begriff XY?" Diese Art eignet sich, wenn man viele Vorkenntnisse über das Thema

---

[10] Esselborn-Krumbiegel, H., (2008) Von der Idee zum Text. Eine Anleitung zum wissenschaftlichen Schreiben. 3. überarbeite Auflage2008. Erste Auflage 2002. Padernborn. Schöningh UTB, 88
[11] Karmasin, Matthias, Ribing, Rainer (2006) Die Gestaltung wissenschaftlicher Arbeiten.Ein Leitfaden für seminararbeiten, Bachelor,- Master und Magisterarbeiten sowie Dissertationen 6. aktualisierte Auflage 2011. Erste Auflage 2006. Wien. Facultas WUV. UTB. 109
[12] Karmasin, K., u.a. (2006, 109)
[13] Sommer, Roy (2006) Schreibkompetenzen. Erfolgreich wissenschaftlich schreiben. Stuttgart. Klett. S.29
[14] Stary, J. (2009) wissenschaftliche Literatur lesen und verstehen In: Franck, Norbert und Stary, Joachim. Die Technik wissenschaftlichen Arbeitens. Padernborb. Ferdinand Schöningh. 15. überarbeitete Auflage. Erste Auflage 2003. 82

6

hat. Man sucht dabei nach bestimmten Aspekten oder Antworten auf bestimmte Fragen. So Stary, J. (2009, 82). In diesem Zusammenhang unterscheidet Ehlich, K.[15] (2003, 222) zwei Arten von Exzerpten. Erstens geht es um das objektive Exzerpt. Diese Art ist textorientiert und hat zum Ziel, die gesamte Argumentationsstruktur des Textes wiederzugeben. Die zweite Art ist das subjektive Exzerpt. Es ist leseorientiert und zielt darauf ab, nur die wichtigen Argumente herauszuarbeiten. Bei Kruse, O (2007, 183) finden sich die Ausführungen, dass Exzerpte als Leseprotokoll fungiert. Darin wird dokumentiert, was man gelesen hat, was man dabei gedacht hat und was man mit dem Gelesenen machen will. Zum Dokumentieren des Gelesenen kann man ein DIN-A4-Blatt benutzen. Wenn man viele Exzerpte hat, kann man sie in einen Ordner ablegen. Man kann auch zur Dokumentation des Gelesenen die Exzerpte als Datei im PC anlegen. Um das Gelesene zu dokumentieren, schlägt Umberto Eco[16] (1988, 150 ff.) vor, die Kartei- oder Lektürekarte mit einem DIN-A5-Blatt zu gebrauchen. Diese Kartei- oder Lektürekarte werden für das Exzerpieren beschriftet. In Anlehnung an Kruse, O.[17], (2007, 183) sollten Exzerpte die Literaturangabe des Buches, das man exzerpiert hat, beinhalten. Dazu sollte ebenfalls die Bibliothekssignatur dabei nicht fehlen. Außerdem sollte man im Exzerpt darauf hinweisen, was man noch nicht exzerpiert hat. Dies sollte man später behandeln. Ferner sollten Seitenangaben der Originaltexte und eigene Gedanken zum Originaltext nicht ausgelassen werden.

---

[15] Steets, Angelika In: Konrad Ehlich, Schulische Textarten, universitäre Textarten und das Problem ihrer Passung, Mitteilungen des Deutschen Germanistikverbandes, 50 Jahrgang, Heft 2-3 /2003.

[16] Eco, Umberto (1988) Wie man eine wissenschaftliche Abschlussarbeit schreibt. Heidelberg. 150 ff.
[17] Kruse, Otto (2007) Keine Angst vor dem leeren Blatt. Ohne Schreibblockaden durchs Studium. 12., neu völlig bearbeitete Auflage. Campus Concept. Frankfurt am Main, New York..

Der Fragebogen

Charakterisierung der Stichprobe

Die schriftliche Befragung wurde im Januar 2013 an der Universität Oran durchgeführt. An der Umfrage beteiligten sich 100 Germanistikstudenten. Die befragten Studierenden befanden sich zur Zeit der Befragung im zweiten Jahr Masterstudium. Das Durchschnittsalter der Untersuchungsgruppe betrug 24 Jahre. Unter den Befragten waren 20% männlich und 80% weiblich.

Konzipierung und Durchführung der Umfrage

Die Befragung wurde anonym in Form eines Fragebogens im Januar 2013 durchgeführt. Der Fragebogen besteht aus 14 Fragen und 12 Aussagen, die die Studenten bewerten sollten. Diese Befragung sollte außerdem Auskunft über die Einstellung der Studenten über die Literaturauswertung beim Schreiben von wissenschaftlichen Arbeiten geben. Die erste Frage klärt, ob die Befragten überprüfen, ob der Text relevant für das Thema ist, indem Sie das Inhaltsverzeichnis, die Überschriften, den Klappentext überfliegen. Anschließend wird untersucht, ob sie die Einleitungen und Zusammenfassungen der einzelnen Kapitel lesen. Des Weiteren wird ermittelt, ob sie selektiv lesen, indem sie sich dafür entscheiden, welche Kapitel bzw. Textteilen sie aus einem Buch lesen möchten. Danach wird eruiert, ob sie die wichtigen Informationen im Text beim Lesen markieren. Ferner wird untersucht, ob sie die relevanten Textteile beim Lesen des Texts nochmals lesen. Die nächste Frage klärt, wie oft die Befragten das Exzerpt im Unterricht geübt haben. Die zweite geht darauf ein, ob die Befragten finden, dass das Exzerpt ihnen hilft, den gelesenen Text besser zu verstehen. Die nächste Frage klärt, ob sie Schwierigkeiten beim Lesen finden, wenn sie exzerpieren. Danach sollen die Befragten, wie oft sie Schwierigkeiten beim Exzerpieren von Texten haben. Anschließend sollte ermittelt werden, wie schwierig sie das Exzerpieren von Texten finden. Danach sollte untersucht werden, was sie beim Exzerpieren dokumentieren. Die nächste Frage befasst sich damit, ob die Befragten wörtliche Zitate beim Exzerpieren dokumentieren. Die nächste Frage beschäftigt sich damit, ob die Befragten beim Exzerpieren nach einer bestimmten Methode vorgehen und wenn ja, welche? Anschließend wird untersucht, ob die Befragten Abkürzungen oder Symbole beim Exzerpieren benutzen und wenn ja, welche?

Anschließend sollten die Befragten folgende Aussagen bewerten in einer Skala von 1 bis 3 trifft zu- ich weiß nicht- trifft nicht zu

1. Ich schaffe es nicht, alle Informationen zu exzerpieren.

2. Es fällt mir leicht, den gelesenen Text zu verstehen und die wichtigen Informationen zu exzerpieren.

3. Die Begriffe im Text sind oft unklar.

4. Die gedankliche Gliederung ist nicht klar.

5. Die Argumente des Texts waren schwer zu verstehen.

6. Ich schreibe, alles was mir zum Thema auffällt.

7. Ich schreibe alles, was ich nicht verstanden habe.

8. Ich schreibe Kritikpunkte.

9. Ich schreibe meine eigenen Ideen auf.

10. Es fiel mir schwer, den gelesenen Text zusammenzufassen.

11. Ich kann nicht unterscheiden zwischen zentralen Aussagen und unwichtigen Informationen.

12. Es fiel mir schwer, einzelne Argumente des Textes herauszuarbeiten.

Rücklauf und Repräsentativität

Der Fragebogen erreichte gut 100 Studenten. Die Nettorücklaufquote liegt bei 100%. Dem Fragebogen war ein Anschreiben beigefügt, das die Untersuchungsziele erläutert, sowie einen Hinweis auf die Freiwilligkeit der Teilnahme und eine Erklärung zum Datenschutz enthält. Die Rücklaufquote kann man als zufrieden stellend bezeichnen. Es lassen sich also Aussagen treffen, die für die Einstellungen über die Literaturauswertung beim Schreiben von wissenschaftlichen Arbeiten hinreichend verlässlich sind. Natürlich rechtfertigt die begrenzte Anzahl der Befragten keinen Anspruch auf Allgemeingültigkeit.

Auswertung der Ergebnisse

Auf die erste Frage, ob die Befragten überprüfen, ob der Text relevant für das Thema ist, indem Sie das Inhaltsverzeichnis, die Überschriften, den Klappentext überfliegen, gaben 97% der Befragten an, dass sie das tun. 03% haben keine Angaben über diese Frage gemacht. Anschließend geht es um die Frage, ob sie die Einleitungen und Zusammenfassungen der einzelnen Kapitel lesen. Die Befragten gaben unterschiedliche Antworten an: 71% äußerten sich, dass sie die Einleitungen und Zusammenfassungen der einzelnen Kapitel lesen. Allerdings sagten 25%, dass sie die Einleitungen und Zusammenfassungen der einzelnen Kapitel nicht lesen. Demgegenüber haben 04% keine Angaben über diese Frage gemacht. Auf die nächste Frage, ob sie selektiv lesen, indem sie sich dafür entscheiden, welche Kapitel bzw. Textteilen sie aus einem Buch lesen möchten, haben 65% der Befragten mit „ja" geantwortet. 30% dagegen haben die Antwort „selten" angegeben. Demgegenüber haben 05% keine Angaben über diese Frage gemacht. Die nächste Frage befasst sich damit, ob sie die wichtigen Informationen im Text beim Lesen markieren. 40% der Befragten haben mit „ja" geantwortet. 60% dagegen haben die Antwort „nein" angegeben. Ferner wird untersucht, ob sie die relevanten Textteile beim Lesen des Texts nochmals lesen. 33% der Befragten mit „ja" geantwortet. 66% dagegen haben die Antwort „selten" angegeben.

Auf die Frage wie oft die Befragten das Exzerpieren im Unterricht geübt haben, haben 20% der Befragten mit manchmal geantwortet. 80% dagegen haben die Antwort selten angegeben. Nachfolgend geht es um die Frage, ob die Befragten finden, dass das Exzerpieren ihnen hilft, den gelesenen Text besser zu verstehen. Alle Befragten gaben an, dass das Exzerpieren ihnen wirklich hilft, den gelesenen Text besser zu verstehen. Außerdem wird auf die Frage eingegangen, ob sie Schwierigkeiten beim Lesen finden, wenn sie exzerpieren. 95% der Befragten haben mit „ja" geantwortet. Dagegen haben 05% mit „nein" bezüglich dieser Frage geantwortet. Darüber hinaus wird geklärt, wie oft sie Schwierigkeiten beim Exzerpieren von Texten haben. Auf diese Frage haben 97% der Befragten mit „sehr oft" geantwortet. Anschließend wird darauf eingegangen, wie schwierig sie das Exzerpieren finden. 90% haben der Befragten mit „schwierig" geantwortet. Anschließend geht es um die Frage, was sie beim Exzerpieren schreiben. 90% der Befragten gaben an, dass sie Definitionen und Zitate schreiben. Ferner wird ermittelt, ob die Befragten wörtliche Zitate beim Exzerpieren schreiben. 77% der Befragten gaben an, dass sie wörtliche Zitate beim Exzerpieren schreiben. Außerdem wird auf die Frage eingegangen, ob die Befragten beim Exzerpieren nach einer bestimmten Methode vorgehen und wenn ja, welche? Hinsichtlich dieser Frage gaben alle Befragten an, dass sie keine bestimmte Methode verfolgen, um zu exzerpieren.

Des Weiteren wird geklärt, ob die Befragten Abkürzungen oder Symbole beim Exzerpieren benutzen und wenn ja, welche? Die Einschätzung erfolgt wie folgt: 64% der Befragten verwenden Symbole und Abkürzungen beim Exzerpieren.

Nachfolgend sollten die Befragten folgende Aussagen bewerten in einer Skala von 1 bis 3 trifft zu- ich weiß nicht- trifft nicht zu

Auf die erste Aussage: *„Ich schaffe es nicht, alle Informationen zu exzerpieren.",* haben ebenfalls alle Befragten mit „trifft zu" geantwortet. Auf die zweite Aussage: *„Es fällt mir leicht, den gelesenen Text zu verstehen und die wichtigen Informationen zu exzerpieren.",* haben 22% der Befragten mit „trifft zu" und 78% mit „trifft nicht zu "geantwortet. Auf die dritte Aussage: *„Die Begriffe im Text sind oft unklar. ",* haben 55% der Befragten mit „trifft zu" und 45% mit „trifft nicht zu "geantwortet. Auf die vierte Aussage: *„Die gedankliche Gliederung ist nicht klar. ",* hat 61% der Befragten mit „trifft zu" und 39% mit „trifft nicht zu "geantwortet. Auf die fünfte Aussage: *„Die Argumente des Textes waren schwer zu verstehen.",* haben 71% der Befragten mit „trifft zu" und 29% mit „trifft nicht zu "geantwortet. Auf die sechste Aussage: *„Ich schreibe, alles was mir zum Thema auffällt. ",* haben 15% der Befragten mit „trifft zu" und 77% mit „trifft nicht zu "geantwortet. Auf die siebte Aussage: *„Ich schreibe alles, was ich nicht verstanden habe. ",* haben 30% der Befragten mit „trifft zu" und 70% mit „trifft nicht zu "geantwortet. Auf die achte Aussage: *„Ich schreibe Kritikpunkte. ",* haben 07% der Befragten mit „trifft zu" und 93% mit „trifft nicht zu "geantwortet. Auf die neunte Aussage: *„Ich schreibe meine eigenen Ideen auf. ",* haben 10% der Befragten mit „trifft zu" und 90% mit „trifft nicht zu "geantwortet. Auf die zehnte Aussage: *„Es fiel mir schwer, den gelesenen Text zusammenzufassen",* haben 85% der Befragten mit „trifft zu" und 15% mit „trifft nicht zu "geantwortet. Auf die elfte Aussage: *„Ich kann nicht unterscheiden zwischen zentralen Aussagen und unwichtigen Informationen. ",* haben 80% der Befragten mit „trifft zu" und 20% mit „trifft nicht zu "geantwortet. Auf die zwölfte Aussage: *„Es fiel mir schwer, einzelne Argumente des Textes herauszuarbeiten.",* haben 91% der Befragten mit „trifft zu" und 09% mit „trifft nicht zu "geantwortet.

Aus der Befragung hat sich gezeigt, dass die Auswertung der Literatur beim wissenschaftlichen Arbeiten überaus relevant ist. Es hat sich ebenfalls herausgestellt, dass die Befragten Schwierigkeiten haben, alle wichtigen Informationen zu exzerpieren. Dies mag darin begründet sein, dass sie mit der richtigen Auswertung der Literatur nicht vertraut sind.

Literatur

Brink, Alfred (2005) Anfertigung wissenschaftlicher Arbeiten. Ein prozessorientierter Leitfaden zur Erstellung von Bachelor-, Master-, und Diplomarbeiten. 2. Auflage 2004, München, Oldenbourg

Bünting, K-D, (2008) u.a. Schreiben im Studium: mit Erfolg Ein Leitfaden. Cornelsen Scriptor. Berlin.. Siebte Auflage

Beste, Gisela, (2007) Deutsch Methodik. Handbuch für die Sekundarstufe 1 und 2. Leistungen feststellen und beurteilen. . Cornelsen Scriptor. Berlin

Eco, Umberto (1988) Wie man eine wissenschaftliche Abschlussarbeit schreibt. Heidelberg

Esselborn-Krumbiegel, Helga (2008) Von der Idee zum Text. Eine Anleitung zum wissenschaftlichen Schreiben. 3. überarbeite Auflage2008. Erste Auflage 2002. Padernborn. Schöningh UTB

Frank, Andrea, u.a. (2007) , Schlüsselkompetenzen: Schreiben in Studium und Beruf. Verlag J.B. Metzler. Stuttgart und Weimar

Karmasin, Matthias, Ribing, Rainer (2006) Die Gestaltung wissenschaftlicher Arbeiten.Ein Leitfaden für seminararbeiten, Bachelor,- Master und Magisterarbeiten sowie Dissertationen 6. aktualisierte Auflage 2011. Erste Auflage 2006. Wien. Facultas WUV. UTB

Kruse, Otto (2007) Keine Angst vor dem leeren Blatt. Ohne Schreibblockaden durchs Studium. 12., neu völlig bearbeitete Auflage. Campus Concept. Frankfurt am Main, New York..

Sommer, Roy (2006) Schreibkompetenzen. Erfolgreich wissenschaftlich schreiben. Stuttgart. Klett

Stary, J. (2009) wissenschaftliche Literatur lesen und verstehen In: Franck, Norbert und Stary, Joachim. Die Technik wissenschaftlichen Arbeitens. Padernborb. Ferdinand Schöningh. 15. überarbeitete Auflage. Erste Auflage 2003

Steets, Angelika In: Konrad Ehlich, Schulische Textarten, universitäre Textarten und das Problem ihrer Passung, Mitteilungen des Deutschen Germanistikverbandes, 50 Jahrgang, Heft 2-3 /2003.

Steets, Angelika. Schreiben:in Beste, Gisela,   (Hrgs.) (2007) Deutsch Methodik. Handbuch für die Sekundarstufe 1 und 2. Leistungen feststellen und beurteilen. . Cornelsen Scriptor. Berlin